Un nouveau complot contre les industriels

Stendhal

UN

Nouveau Complot

CONTRE

LES INDUSTRIELS.

Par M. de Stendhal.

Se altamente vuoi
Utile farti, vanità combatti,
Fatale in oggi di virtù nimica
Silvio Pellico.

PARIS,

SAUTELET ET CIE, LIBRAIRES,

PLACE DE LA BOURSE.

IMPRIMERIE DE N. FOURNIER, RUE DE SEINE, No 14.

1825

PETIT DIALOGUE.

L'INDUSTRIEL.

Mon cher ami, j'ai fait un excellent dîner.

LE VOISIN.

Tant mieux pour vous, mon cher ami.

L'INDUSTRIEL.

Non pas seulement tant mieux pour moi. Je prétends que l'opinion publique me décerne une haute récompense pour m'être donné le plaisir de faire un bon dîner.

LE VOISIN.

Diable, c'est un peu fort !

L'INDUSTRIEL.

Seriez-vous un aristocrate, par hasard ?

Tel est l'extrait fort clair des Catéchismes de M. de Saint-Simon, et des six ou sept premiers numéros d'un journal écrit en style obscur, et qui a l'air de se battre pour l'industrie.

M. de Saint-Simon a dit : « La capacité industrielle est celle qui doit se trouver en première ligne ; elle est celle qui doit juger la valeur de toutes les autres capacités, et les faire travailler toutes pour son plus grand avantage. »

Si nous n'y prenons garde, l'on va nous donner un ridicule.

Moi aussi je suis un industriel, car la feuille de papier blanc qui m'a coûté deux sous, on la revend cent fois plus après qu'elle a été noircie. Nommer cette pauvre petite industrie, n'est-ce pas dire que je ne suis ni riche ni noble ? Je ne m'en trouve que mieux placé pour apercevoir le ridicule des deux camps opposés, l'industrialisme et le privilège.

Je veux croire que mille industriels qui, sans manquer à la probité, gagnent cent mille écus chacun, augmentent *la force* de la France ; mais ces messieurs ont fait le bien public *à la suite* de leur bien particulier. Ce sont de braves et honnêtes gens, que j'honore et verrais avec plaisir nommer maires ou députés ; car la crainte des banqueroutes leur a fait acquérir des habitudes de méfiance, et, de plus, ils savent compter. Mais je cherche en vain l'*admirable* dans leur conduite. Pourquoi les admirerais-je plus que le médecin, que l'avocat, que l'architecte ?

Certes, nous autres, petites gens, nous aimons mieux l'industrie qui nous propose de faire des échanges et qui veut *commercer* avec nous, que le privilège qui prétend de haute lutte nous enlever tous nos droits. La profession des industriels est fort estimable ; mais nous ne voyons pas en quoi elle mérite d'être *plus honorée* que toute autre profession utile à la société. L'on aura beau faire, la classe chargée en France de la fabrication de l'opinion, pour parler le langage industriel, sera toujours celle des gens à 6000 liv. de rente. Ces gens-là seuls *ont le loisir* de se former une opinion qui soit à eux, et non pas celle de leur journal. Penser est le moins cher des plaisirs. L'opulence le trouve insipide et monte en voiture pour courir à l'Opéra ; elle ne se donne pas le temps de penser. L'homme pauvre n'a pas ce temps ; il faut qu'il travaille huit heures par jour, et que son esprit soit toujours tendu à bien s'acquitter de sa besogne.

La classe pensante accorde sa considération à tout ce qui est *utile au plus grand nombre*. Elle récompense par une haute estime, et quelquefois par de la gloire, les Guillaume-Tell, les Porlier, les Riego, les Codrus, les gens, en un mot, qui risquent beaucoup pour obtenir ce qu'à tort ou à raison ils croient utile au public.

Pendant que Bolivar affranchissait l'Amérique, pendant que le capitaine Parry s'approchait du pôle, mon voisin a gagné dix millions à fabriquer du calicot ; tant mieux pour lui et pour ses enfans. Mais depuis peu il fait faire un journal qui me dit tous les samedis qu'il faut que je l'admire comme un bienfaiteur de l'humanité. Je hausse les épaules.

Les industriels prêtent de l'argent aux gouvernants, et les forcent souvent à faire un budget raisonnable et à ne pas gaspiller les impôts. Là, probablement, finit l'*utilité* dont les industriels sont à la chose publique ; car peu leur importe qu'avec l'argent prêté par eux on aille au secours des Turcs ou au secours des Grecs. Je trouve dans le dernier ouvrage de M. Villemain le petit dialogue suivant entre Lascaris, qui fuit Constantinople pris par les Turcs, et un jeune Médicis.

« .... Mais quoi ! dit Médicis, les Génois qui occupaient vos faubourgs étaient vos alliés, vos marchands !

« — Ils nous ont trahis, répondit le malheureux Grec. Pourquoi nous auraient-ils été fidèles ? Ils feront le même commerce avec les Turcs. C'était le courage désintéressé qui seul aurait pu nous sauver. » (*Lascaris*, pag. 7.)

Les banquiers, les marchands d'argent ont besoin d'un certain degré de liberté. Un baron Rothschild était impossible sous Bonaparte, qui eût peut-être envoyé à Sainte-Pélagie un prêteur récalcitrant [1]. Les marchands d'argent ont donc besoin d'un certain degré de liberté, sans lequel il n'y aurait pas de crédit public. Mais dès que le huit pour cent se présente, le banquier oublie bien vite la liberté.

Quant à nous, notre cœur ne pourra pas oublier de si tôt que vingt maisons prises parmi tout ce qu'il y a de plus industriel et de plus libéral ont prêté l'argent au moyen duquel on a acheté et pendu Riego. Que dis-je ? le jour où j'écris, l'industrie, trouvant que le pacha d'Égypte est fort solvable, ne lui bâtit-elle pas des vaisseaux à Marseille ? Les industriels usent de leur liberté comme citoyens français, ils emploient leurs fonds ainsi qu'ils l'entendent : à la bonne heure ; mais pourquoi venir me demander *mon admiration*, et pour comble de ridicule, me la demander au nom de mon amour pour la liberté ?

L'industrialisme, un peu cousin du charlatanisme, paie des journaux et prend en main, sans qu'on l'en prie, la cause de l'industrie ; il se permet de plus une petite faute de logique : il crie que l'industrie est la cause *de tout* le bonheur dont jouit la jeune et belle Amérique. Avec sa permission, l'industrie n'a fait que profiter des bonnes lois, et de l'avantage d'être sans frontières attaquables que possède l'Amérique. Les industriels, par l'argent qu'ils prêtent à un gouvernement *après avoir pris leurs sûretés*, augmentent pour le moment *la force* de ce gouvernement ; mais ils s'inquiètent fort peu *du sens* dans lequel cette force est dirigée. Supposons qu'un mauvais génie envoie aux États-Unis d'Amérique un président ambitieux comme Napoléon ou Cromwell, cet homme profitera du crédit qu'il trouvera établi en arrivant à la présidence, pour emprunter 400 millions, et avec ces millions il corrompra l'opinion et se fera nommer président à vie. Hé bien ! si les *intérêts* de la rente sont bien *servis*, l'histoire contemporaine est là pour nous apprendre que les industriels continueront à lui prêter des millions, c'est-à-dire à augmenter sa force, sans s'embarrasser du sens dans lequel il l'exerce. Qui empêche aujourd'hui les industriels de prêter au R.. d'E...... ? Est-ce le manque de moralité de ce prince, ou son manque de solvabilité ?

Ces considérations sont bien simples, bien claires ; elles n'en sont que plus accablantes. Aussi, voyez l'obscurité et l'emphase dans lesquelles les journaux de l'industrialisme sont obligés de chercher un refuge [2]. N'ont-ils pas appelé Alexandre-le-Grand le premier des industriels [3] ? Et remarquez que je suis obligé de passer légèrement sur les faits les plus frappants et les *plus voisins* qui confirment ma théorie, car je ne veux pas plus aller à Sainte-Pélagie, que créer de la *haine impuissante* dans l'ame de mon lecteur. L'industrie, comme tous les grands ressorts de la civilisation, amène à sa suite quelques vertus et plusieurs vices. Le négociant qui prête son vaisseau au Grand-Turc pour effectuer le massacre de Chio est probablement un homme fort économe et très-raisonnable. Il sera bon directeur d'hôpital et ministre fort immoral, et par là fort dangereux : donc les industriels ne sont pas propres à toutes les places [4].

Toutes les professions pratiquées avec probité sont utiles et par conséquent estimables ; telle est la vieille vérité que proclame la classe pensante placée entre l'*aristocratie* qui veut envahir toutes les places, et l'*industrialisme* qui veut envahir toute l'estime. L'industrialisme se déclare *seul estimable* ; cependant Catinat, si pauvre, l'emporte encore sur Samuel Bernard. Les grands industriels du siècle de Louis XV sont presque tous ridicules dans l'histoire, et Turgot si pauvre est un grand homme.

Peut-être cherchera-t-on à nous répondre, en nous faisant dire ce que nous n'avons pas dit : voici des explications. La classe pensante, mesurant avec soin son estime sur l'*utilité*, préfère souvent un guerrier, un habile médecin, un savant avocat qui sans espoir de salaire défend l'innocence [5], au plus riche fabricant qui importe des machines et emploie dix mille ouvriers. Pourquoi ? c'est que pour arriver à une haute estime, il faut en général qu'il y ait *sacrifice* de l'intérêt à quelque noble but. Quels sacrifices ont jamais fait Zamet, Samuel Bernard, Crozat, Bouret, etc., les plus riches industriels dont l'histoire ait gardé le souvenir ? À Dieu ne plaise que de cette remarque historique je tire la conséquence que les industriels ne sont pas honorables ! Je veux dire seulement qu'ils ne sont pas héroïques. Chaque classe de citoyens a droit à l'estime, et là comme ailleurs le ridicule se charge de faire justice des prétentions exagérées. La classe pensante honore tous les citoyens. Si on la méprise, si on l'injurie [6], elle se contente de *rendre* leurs mépris et au noble baron dont le trentième aïeul fut à la croisade de Louis-le-Jeune, et au sabreur impérial, et à l'industriel si fier de ses dix millions dont il va acheter un titre féodal. Cette dernière classe s'attribuant tout le bonheur de l'Amérique, et oubliant Washington, Franklin et La Fayette, nous semble la plus ridicule en ce moment.

L'honorable M. de Saint-Simon a dit, et les journaux payés par l'industrialisme répètent en style prétentieux : « La capacité industrielle est celle qui doit se trouver en première ligne ; elle est celle qui doit juger la valeur de toutes les autres capacités, et *les faire travailler toutes* pour son plus grand avantage [7]. »

Or, un charron, un laboureur, un menuisier, un serrurier, un fabricant de souliers, de chapeaux, de toiles, de draps, de cachemires, un roulier, un marin, un banquier, sont des industriels. Cette énumération est encore de M. de Saint-Simon [8].

Une multitude énorme telle que celle qui se composerait de tous les laboureurs, de tous les menuisiers, de tous les cordonniers, etc., ne peut pas être en première ligne, ou bien tout le monde serait en première ligne ; ce qui rappelle un peu ce philosophe de la comédie, qui dans son placet dit au prince :

En fameux ports de mer changez toutes vos villes.

La première ligne de la société arrangée à la Saint-Simon, se trouvant un peu nombreuse, puisque nous y voyons placés tous les cordonniers, tous les maçons, tous les laboureurs, et bien d'autres, il faut apparemment ranger suivant leurs succès, c'est-à-dire suivant leurs *richesses*, les membres de cette classe qui est à la tête de toutes les autres ; or, quel est le chef de cette classe à Paris ? quel est l'homme qui doit *être le juge de toutes les capacités* ? C'est évidemment le plus fortuné des industriels, M. le baron Rothschild, aidé, si l'on veut, dans ses fonctions de juge par les six industriels les plus riches de Paris, MM........ que j'honore trop pour placer leurs noms dans ce tribunal burlesque. Ainsi, que nos grands poètes Lamartine et Béranger se hâtent de faire des vers ; que nos savants illustres, Laplace et Cuvier, interrogent la nature et proclament des découvertes sublimes, leurs capacités seront jugées ou bien par l'assemblée générale de tous les maçons, les cordonniers, les menuisiers, etc., ou par les premiers hommes de cette classe privilégiée, savoir M. le baron Rothschild, escorté des six banquiers que le public voit avec lui dans tous les emprunts. En apprenant la nouvelle dignité dont M. de Saint-Simon et son école les affublent, je vois d'ici les banquiers les plus riches de Paris s'écrier en chœur :

> Rien n'est si dangereux qu'un ignorant ami ;
>   Mieux vaudrait un sage ennemi.

Mais laissons ces folies, qu'on dirait inventées par quelque aristocrate pour donner un ridicule au peuple, c'est-à-dire à la source de tous les p..... légitimes. Moi aussi j'ai lu Mill, Mac Culoch, Maltus et Ricardo, qui viennent de reculer les bornes de l'économie politique. Plus la France sera imbue des grandes vérités qu'ils ont fait remarquer, moins elle laissera passer de bévues dans la fabrication de son budget, plus elle fera de canaux et surtout de chemins de fer.

Si le nouveau journal se fût borné à répandre ces vérités, que probablement il ignore, tout en lui souhaitant moins d'emphase dans le style et même un peu plus d'esprit, nous aurions fait des vœux pour son succès, mais encore une fois, il réclame impérieusement une dose extraordinaire de considération et de respect pour MM. les banquiers, manufacturiers et négocians, *les plus riches* [9] ; car, je le répète, tout en désirant sincèrement leur bonheur, on ne peut *pas respecter* tous les laboureurs, tous les maçons, tous les

menuisiers,

> Sur quelque préférence une estime se fonde ;
>
> Et c'est n'estimer rien qu'estimer tout le monde.

Sans doute la classe des industriels millionnaires est fort estimable. Je l'honore avec tant de sincérité que je voudrais voir tous les ans dans la chambre élective les cent industriels les plus renommés de France. Mais ces véritables et honnêtes industriels répudient l'industrialisme. C'est en vain qu'on les flatte lourdement, c'est en vain qu'on leur dit qu'en faisant fortune ils ont été plus utiles qu'un bon ministre, qu'un grand général. Lorsque M. de La Fayette, à peine âgé de vingt ans, méprisant ses millions et les grands établissements que le crédit de sa famille lui promet à la cour de France, vole en Amérique, et, après la défaite de Brandy-Wine, ne désespère pas du salut de sa nouvelle patrie ; où est l'industriel alors trafiquant en cette même Amérique qui pût lutter de gloire et d'utilité avec le jeune général ? Washington ne pouvait-il pas se vendre à

Georges III, comme le général Monk à Charles II, et par là se faire duc et millionnaire ? Il méprise cette fortune, et devient le héros de la civilisation.

Mais si l'industriel n'est pas toujours un héros, du moins est-il *le juge souverain de toutes les capacités*. M. de Saint-Simon le déclare, et j'avoue que je ne trouve pas cette prétention absolument déplacée. Un Samuel Bernard, ou un M. Coutts, a l'esprit tendu toute la journée pour découvrir les places d'Europe et d'Amérique qui manquent d'argent, et où il est avantageux d'en jeter rapidement.

Si je ne pense pas tout-à-fait qu'un banquier, au milieu de ses agens-de-change et de ses registres à dos élastique, soit l'homme du monde le plus sensible aux vues tendres ou sublimes que jette sur les profondeurs du cœur humain le génie d'un Byron ou d'un Lamartine, je serai moins sévère pour ce qui a rapport à la muse comique. Je fais grand cas des comédies jouées par les industriels. Ce n'est point la satisfaction d'un amour puéril et un vain contrat de mariage qui en font le dénouement, mais bien le gain rapide de plusieurs millions. Et ne vous y trompez pas, les moyens d'intrigue sont proportionnés à l'importance du but. C'est-là que les Molières futurs prendront leurs sujets de comédie. Loin d'inventer des ressorts, leur génie se fatiguera à rendre supportables à la scène les moyens d'intrigue mis en usage par leurs illustres modèles. Or, comment des gens qui, sur le théâtre du monde, jouent la comédie avec tant de succès, ne seraient-ils pas de bons juges de la petite comédie permise sur nos théâtres et qui reste copie si imparfaite de leurs actions de tous les jours ?

Il n'y a pas cent ans que dans l'un des quartiers les plus populeux de Paris l'on a vu la représentation d'une pièce d'intrigue conduite avec un art infini, et il en fallait beaucoup. Les hommes qu'il s'agissait de tromper n'étaient point des Bartholos ; ils l'avaient bien prouvé en faisant des fortunes colossales ou en s'illustrant dans les places les plus brillantes. Ils n'en ont pas moins été pris pour dupes au vu et au su de toute l'Europe et même de l'Amérique. Rien n'a manqué dans cette admirable comédie, ni le Dave rempli de finesse, ni un ou plusieurs Cassandres surnuméraires. Il y a même eu double intrigue, *plot and under plot* comme dans les vieilles comédies anglaises. Outre les honorables Bartholos dont le Dave s'est joué avec une adresse qu'on ne saurait trop louer, il paraît que, le succès augmentant l'assurance, on a essayé de duper ce personnage qui, suivant M. de Talleyrand, a plus d'esprit que qui que ce soit, M. Public.

D'après cet exemple récent, qui oserait refuser aux premiers industriels de Paris, victimes ou héros de cette bonne pièce, le talent qu'il faut pour juger la comédie ?

Je pense donc avec les journaux vendus à l'industrialisme, que non-seulement la capacité industrielle fournit les gens les plus remarquables par la vertu [10] mais encore que certains industriels des plus riches sont les juges véritables, si ce n'est de toutes les autres capacités, du moins de celle des Figaro, des Scapin, et autres personnages fort connus par leur habileté dans l'intrigue et par la place élevée qu'ils occupent dans l'estime publique.

Qu'est-ce auprès de telles capacités qu'un juge intègre comme M. Dupont (de l'Eure), qui habite une chambre de 36 francs, et refuse toutefois d'ajouter *un seul mot* au discours qu'il doit prononcer le lendemain ? Ce seul petit mot, fort honorable en soi et alors fort à la mode, lui eût valu avant la fin de la journée 15,000 livres de rente et la plus belle place de son état.

Qu'est-ce qu'une *dupe* comme le général Carnot, qui, après avoir été le ministre de la guerre de 14 armées de cent mille hommes, s'en va mourir dans la pauvreté à Magdebourg ?

Qu'est-ce dans un ordre moins relevé, si l'on veut, qu'un serviteur héroïque comme le général Bertrand, qui, lorsque son prince est malheureux, se croit obligé de s'exiler au bout du monde, dans une île affreuse, et cela peut-être pour vingt années ?

Comme tous ces mérites pâlissent auprès de celui de faire écrire deux cents commis, de revendre à 64 ce qu'on a obtenu pour 55, et de s'exiler dans le plus beau quartier de Paris, au fond d'une maison de deux millions ? Avec quelle pitié de telles capacités ne voient-elles pas un Dupont (de l'Eure), ou un Daunou, traverser la crotte du boulevard ? S'il s'agit de supériorité intellectuelle, M. Royer-Collard [11] fit-il jamais de discours égal en force de dialectique à un petit traité en quatre articles, surtout si le troisième contredit le premier, et si l'on obtient de la probité ou de la bêtise des contractans que ce traité restera secret ?

M. Dupont (de l'Eure) fit-il jamais de belles aumônes de 20,000 francs que l'on a soin de faire enregistrer successivement dans tous les journaux ?

Mais quittons le ton de la plaisanterie, déplacé en un si grave sujet.

Comment l'industrialisme ose-t-il réclamer les premiers honneurs et se préférer aux Dupont (de l'Eure), aux Carnot, aux Bertrand, lorsque même en *désintéressement*, même dans cette plus facile des vertus, il vient de donner un si étrange exemple à une nouvelle république ?

Je comprends que l'industrialisme, qui peut-être ressent quelque malaise au sujet de certaines opérations, et ne serait pas fâché d'avoir les honneurs de la vertu et les profits de l'emprunt, cherche à se confondre avec la véritable et loyale industrie. Hé bien ! l'industrie le repousse, lui, ses flatteries perfides, et, plus que tout, l'effrayante solidarité de réputation.

Oui, j'ai connu des centaines d'honnêtes négocians de Lyon, de Bordeaux, de Rouen, qui ne voudraient pas avoir participé à certaines opérations récentes, non plus qu'à leurs bénéfices, si énormes qu'ils soient.

Ils ne font pas prôner leur profession comme la seule utile, comme la seule vertueuse, mais ils ont de la vertu, mais le renom d'une loyauté parfaite, même envers leurs rivaux, est préférable, à leurs yeux, à la différence qu'il y a entre 76 et 80, dût cette différence se prélever sur une douzaine de millions.

Les industriels vont être fort utiles d'ici à quelques années ; mettant à profit le degré de liberté dont nous jouissons, ils vont changer et améliorer tout le commerce de France. On aimera mieux *gagner* 4000 francs que les recevoir du budget. Un fabricant millionnaire ne sollicitera plus une place de sous-préfet.

La France, plus heureuse que l'Angleterre, ne connaît pas les *substitutions*. Les nobles, d'ici à vingt ans, loin d'avoir horreur de l'industrie, apprendront d'elle qu'il est utile et agréable de profiter du degré de liberté qui nous est accordé, pour augmenter sa fortune. Le plus noble marquis, qui possède en biens-fonds deux millions qui lui rendent à peine vingt mille écus, vendra la moitié de sa terre, et placera dans une manufacture de calicot un million, qui à lui seul lui vaudra 60 mille francs de rente. À partir de ce moment, ce privilégié, lui-même, deviendra l'ami de cette portion de liberté *indispensable* pour qu'il y ait un crédit public, et pour que toutes les manufactures prospèrent, surtout celles de calicot ; loin de solliciter les coups d'état, il les redoutera.

Telle peut être l'une des grandes utilités futures de l'industrie ; elle *séduira* les ennemis naturels de la liberté, et nous fera jouir en paix de ce premier des biens.

Il n'y a que deux manières de le conquérir, la force des armes, comme ont fait Cromwell et Bolivar, ou le *perfectionnement de la raison*. C'est par cette dernière route que l'industrie, amie de la paix, peut un jour conquérir le côté droit et le clergé, et nous conduire à la mise en pratique de la charte [12].

Mais ne nous y trompons pas. La raison est une déité sévère ; dès qu'on prétend la servir en prêchant une erreur, la toute puissante raison cesse ses effets bienfaisans, et la civilisation s'arrête. C'est donc hâter le bonheur de la France que de faire apercevoir nos *grands industriels* du ridicule qu'ils se donnent en fesant proclamer tous les samedis qu'ils sont supérieurs à toutes les classes de la société. Dans la vie d'une nation, chaque classe est utile à son tour. Si la Grèce réussit à s'affranchir, des milliers de négocians s'y établiront ; ils y porteront des glaces, des meubles d'acajou, des estampes, des draps, etc. Mais les bonnes lois qui permettent au commerce de fleurir, sera-ce eux qui auront eu la sagesse de les faire ? Mais le courage qu'il aura fallu pour exterminer les Turcs et pouvoir mettre ces bonnes lois en vigueur, l'auront-ils eu ?

Il y a six mois que *Santa-Rosa* s'est fait tuer dans Navarin, il n'y a pas un an que lord Byron est mort en cherchant à servir la Grèce. Où est l'industriel qui ait fait à cette noble cause le sacrifice de toute sa fortune ?

La classe pensante a inscrit cette année SANTA-ROSA et LORD BYRON sur la tablette où elle conserve les noms destinés à devenir immortels. Voilà un soldat, voilà un grand seigneur ; pendant ce temps qu'ont fait les industriels ?

Un honorable citoyen a fait venir des chèvres

du Thibet.

Peut-être me reprochera-t-on de n'avoir pas cité plus souvent les propres paroles du *Producteur* ; si l'on veut bien lire l'exposé suivant, l'on concevra pourquoi.

LE PRODUCTEUR, N° I.

INTRODUCTION.

Le journal que nous annonçons a pour but de développer et de répandre les principes d'une philosophie nouvelle. Cette philosophie, basée sur une nouvelle conception de la nature humaine, reconnaît que la destination de l'espèce sur ce globe est d'exploiter et de modifier à son plus grand avantage la nature extérieure ; que ses moyens pour arriver à ce but correspondent aux trois ordres de facultés, physiques, intellectuelles et morales, qui constituent l'homme ; enfin, que ses travaux, dans cette direction, suivent une progression toujours croissante, parceque chaque génération vient ajouter ses richesses matérielles à celles des générations passées, parcequ'une connaissance de plus en plus étendue, certaine et positive des lois naturelles, lui permet d'étendre et de rectifier sans cesse son action ; parceque des notions toujours plus exactes de sa destination et de ses forces la conduisent à améliorer incessamment l'association, l'un de ses moyens les plus puissans.

Considérée de ce point de vue, la vie de chaque individu se compose de deux séries d'actions, dont les unes n'ont pour but que l'existence de l'individu même, tandis que les autres ont de plus pour résultat le développement de l'action progressive de l'espèce, et concourent ainsi à l'accomplissement de sa destination ; d'où la distinction de l'intérêt commun et de l'intérêt privé, base de toute morale.

C'est d'une heureuse harmonie entre ces deux ordres de faits que dépendent les progrès et la prospérité des nations et des individus. La combinaison sociale dans laquelle toutes les jouissances, la satisfaction de tous les besoins de l'individu, seraient aussi des moyens pour l'accomplissement de la loi de l'espèce, est la limite, en prenant cette expression dans le sens mathématique, vers laquelle convergeront toujours, sans jamais l'atteindre, les travaux théoriques et pratiques ayant pour but l'établissement de cette harmonie. En s'appuyant sur ce point de départ, les travaux de cette philosophie, quant à ce qui regarde le passé, consistent à rechercher à chaque époque, dans les institutions, les travaux et les actions de l'homme, ceux qui ont concouru au développement de la civilisation, et ceux qui ont été pour elle un obstacle ; à distinguer dans les premiers ceux dont le secours a été direct ou indirect, et à préciser la nature, la durée et le degré d'utilité de chacun. Quant à ce qui regarde l'avenir et le présent, elle s'occupe de déterminer d'une manière positive et détaillée, par la connaissance et l'érection en lois des faits généraux du passé, le but d'activité actuelle de la société, l'ordre de rapports moraux et politiques correspondans, et les travaux qui doivent en préparer l'établissement.

Elle a reconnu que dans les institutions, les travaux et les actions de l'homme, ceux-là seulement qui se rapportent aux sciences, aux beaux-arts et à l'industrie, ont toujours, directement, et de plus en plus, concouru au développement de la civilisation ; que tous ceux au contraire qui n'appartiennent pas proprement à l'un ou à l'autre de ces trois objets d'activité n'y ont concouru qu'indirectement, etc., etc.

FIN.

1. ↑ Affaire de MM. les fabricants de draps de Lodève.
2. ↑ Voir la note unique, page dernière.
3. ↑ *Le Producteur*, page 22.
4. ↑ Saint-Simon, *Catéchisme*, pag. 38 et 39.
5. ↑ Exemples : le général Villars à Denain, le docteur Jenner découvrant le vaccin, Malesherbes défendant Louis XVI, Mazel allant mourir à Barcelonne.
6. ↑ Un industriel richissime disait de d'Alembert : « Cela veut raisonner, et n'a pas mille écus de rente ! »
7. ↑ *Catéchisme des Industriels*, 3e cahier, pag. I.
8. ↑ Page I du *Catéchisme des Industriels*.
9. ↑ Je puis affirmer que rien ne semblerait plus comique en Angleterre que des louanges adressées aux riches manufacturiers. Il y a long-temps que les Anglais sont revenus de ce genre de *charlatanisme*.
10. ↑ Il est évident que, si jamais les industriels arrivent au pouvoir, ils investiront la morale du plus grand empire qu'elle puisse exercer sur les hommes. *Catéchisme*, n^{o}I, page 56.
11. ↑ Les industriels possèdent la supériorité sous le rapport d'intelligence. (Saint-Simon, *Catéchisme*, Ier cahier, p. 10.)
12. ↑ Nous ne desirons d'autre liberté que celle donnée par la littérale et consciencieuse exécution de la Charte. Nous n'avons pas assez de vertu pour exercer gratis, ou à peu près, les fonctions de préfet, de ministre, d'administrateur de tous les établissemens publics, c'est-à-dire pour être plus libres que la Charte ne le permet. On sait que le président des États-Unis d'Amérique reçoit annuellement 125,000 fr. ; c'est probablement moins que M. le préfet de Paris.